Le Temps qui détruit tout agrandira leurs Noms.

DESCRIPTION
DES ÉCOLES
DE CHIRURGIE,

DÉDIÉE

A Monſieur ***DE LA MARTINIERE,***
Conſeiller d'État, Chevalier de l'Ordre du Roi, premier Chirurgien de Sa Majeſté.

Par M. GONDOIN, Architecte du Roi, Deſſinateur des Meubles de la Couronne.

A PARIS,
De l'Imprimerie de PH.-D. PIERRES, Imprimeur ordinaire du Roi.
Et ſe trouve
Chez CELLOT & les freres JOMBERT, Libraires, rue Dauphine.

Exemplaire de préſent. Cet Ouvrage n'a été tiré qu'à cent exemplaires.

M. DCC. LXXX.

Le Temps qui détruit tout agrandira leurs Noms.

Gibelin.

DESCRIPTION
DES ÉCOLES
DE CHIRURGIE,

DÉDIÉE

A Monſieur ***DE LA MARTINIERE,***
Conſeiller d'État, Chevalier de l'Ordre du Roi, premier Chirurgien de Sa Majeſté.

Par M. GONDOIN, Architecte du Roi, Deſſinateur des Meubles de la Couronne.

A PARIS,
De l'Imprimerie de PH.-D. PIERRES, Imprimeur ordinaire du Roi.
Et ſe trouve
Chez CELLOT & les freres JOMBERT, Libraires, rue Dauphine.

Exemplaire de préſent. Cet Ouvrage n'a été tiré qu'à cent exemplaires.

M. DCC. LXXX.

A MONSIEUR

DE LA MARTINIERE,

CONSEILLER D'ÉTAT,

CHEVALIER DE L'ORDRE DU ROI,

PREMIER CHIRURGIEN DE SA MAJESTÉ.

MONSIEUR,

LE regne des grands Princes fut toujours signalé par le choix & par la faveur des Hommes les plus capables de concourir à leurs vûes bienfaisantes. C'est ainsi que jouissant à juste titre de la confiance d'un

Monarque chéri, vous avez dirigé sa munificence sur un Art salutaire. C'est à votre influence, à vos soins, à votre vigilance que la Chirurgie doit les progrès qui rendent l'École Française célèbre chez tous les Peuples. L'Edifice, où la Théorie réunie à la Pratique donne ses utiles Leçons, s'est élevé sous vos auspices, & mes talens exaltés par l'honneur de réaliser les projets que vous en aviez conçu, oserent en entreprendre l'exécution.

RECEVEZ donc, MONSIEUR, comme votre ouvrage, ce Recueil des plans, des coupes & des élévations de l'École de Chirurgie. Daignez accepter ce témoignage public de ma reconnoissance.

Je suis avec respect,

MONSIEUR,

Votre très-humble & très-obéissant serviteur,

Gondoin.

DESCRIPTION

DES ÉCOLES DE CHIRURGIE.

OBSERVATIONS PRÉLIMINAIRES.

L'ARCHITECTURE ne paroît pas, au premier aſpect, reſſembler aux autres Arts, ſon imitation moins apparente que celle de la Peinture & de la Poéſie, n'eſt ſenſible qu'à l'œil de l'Obſervateur exercé, qui ſait découvrir les cauſes des grands effets dans les contraſtes, dans la ſymmétrie & dans la ſimplicité. Par le charme de leur union, l'Architecture grecque donne un air de grandeur & de perfection à ſes Édifices : en imitant ainſi la nature, elle frappe l'ame d'une ſenſation forte & majeſtueuſe.

Les ouvrages multipliés que nous avons ſur l'Architecture, répandent les connoiſſances théoriques de cet art difficile : on en trouve par-tout des préceptes ; néanmoins les exemples & la comparaiſon peuvent ſeuls l'élever au point de perfection qu'il ſemble vouloir atteindre dans ce ſiecle.

Convaincus que les monuments des Grecs & des Romains par leur magnificence, par leur pureté, par leur grandeur, enfin par leur perfection, doivent ſervir d'exemples & de guides, nos prédéceſſeurs en ont fait leur unique étude ; mais, ou timides imitateurs ils n'ont oſé s'élever juſqu'aux idées primitives, & charmés ſeulement de la beauté des formes, ils les ont appliquées ſans choix, ou trop pleins de cet orgueil qui veut ajouter, corriger ou innover, ils ont amoncelé les ordres, ils ont élevé des bâtiments monſtrueux qui deshonorant l'Artifte, égarent tous ceux qu'un goût dépravé entraîne à les applaudir, & à les imiter.

Depuis le renouvellement & l'adoption des ordres antiques, on éleva dans Paris & aux environs, des Palais dont les détails d'un très-beau ftyle auroient pu fervir à propager le bon goût, fi les regnes propices de François I & d'Henri II avoient duré davantage.

Sous Louis XIV, l'émulation fut excitée, l'art fut encouragé, mais l'Architecture n'acquit ni la pureté, ni l'élegance, ni la grandeur, ni cet air d'originalité qui, même dans l'imitation, diftingue les productions du génie.

On a vu dans notre fiecle des hommes habiles s'élever, & nous ouvrir une carriere plus vafte: cependant foit que ces Artiftes célébres fe livrant à la fécondité d'une imagination brillante, aient négligé de donner à chaque ouvrage le caractere convenable, foit qu'ils n'aient pas jugé cette diftinction néceffaire, parce que la rareté des monuments en éloignoit la comparaifon, leurs productions ne peuvent nous guider aujourd'hui que la multiplicité des bâtiments élevés en France, & fur-tout à Paris, nous oblige à nous occuper des moyens d'en diftinguer, & d'en fixer le caractere. C'eft fur cette importante partie de l'Architecture, peut-être une des plus effentielles, fans doute la plus difficile, que les critiques s'exercent davantage: mais la connoît-on bien, fi ceux même qui paroiffent en raifonner le mieux, échouent dans l'exécution?

Laiffons le Public juger, lequel des Architectes de Saint Sulpice ou de Sainte Geneviéve, a le mieux imprimé le caractere de Temple; fi les Galeries en colonnes qui ne font d'aucun ufage fur la façade d'une Eglife, y conviennent mieux que la fimple & noble ordonnance d'un portique couronné par un fronton majeftueux.

Je foumets au Public, toujours équitable, les motifs qui m'ont déterminé dans la conftruction des Écoles de Chirurgie. Un monument de la bienfaifance de nos Rois, me fuis-je dit, doit porter un caractere de magnificence relatif à fa deftination, une École dont la célébrité attire un grand concours d'Éléves de toutes les Nations, doit paroître ouverte & d'un accès facile. L'abfolue néceffité des colonnes pour remplir ces deux objets, fuffiroit feule à me juftifier du reproche de les avoir trop multipliées.

Si les détracteurs féveres de ce fimple & noble ornement de l'Architecture vouloient foumettre leurs préjugés à l'autorité des anciens, je ne manquerois pas d'exemples pour les convaincre. Pompéïa & Stabia petites villes de la Calabre, me fourniroient feules les preuves du fréquent ufage des colonnes dans les fiecles du bon goût. Les cours des maifons, les jardins même en étoient ornés; les cafernes des foldats, les bains des particuliers, les maifons de campagne, reftes de la plus belle antiquité que l'on découvre préfentement, en font remplis. Dans plufieurs autres villes, j'indiquerois, parmi les Édifices publics, les théâtres, les amphithéâtres, les portiques deftinés aux leçons de Philofophie, les gymnafes, enfin tous les lieux confacrés à l'inftruction & aux exercices.

Mais fi les exemples de notre temps font pour eux d'un plus grand poids, je citerois pour ma juftification les monuments de Victor-Amédée & de faint Charles-Borromée. Ces deux grands Hommes firent employer les colonnes avec profufion dans les Édifices deftinés à l'enfeignement. Tels font à Turin l'Univerfité, à Milan le College Helvétique, dont la magnificence ne cede à aucun ouvrage moderne.

C'eft d'après ces confidérations, que difpofant une colonnade à travers laquelle la vue pût fe porter jufqu'au lieu principal, l'amphithéâtre; j'ai voulu produire un effet dont l'aſpect, non-ſeulement arrêtât, mais appellât les ſpectateurs; c'eſt ainſi que cédant à la néceſſité de former ma cour dans un eſpace reſſerré par les rues des Cordeliers & du Paon, j'ai tâché de la vaincre en donnant à cette cour une étendue plus vaſte en apparence, & en la réuniſſant, pour ainſi dire, au périſtile. Aurois-je mieux rempli mon objet, ſi ſubſtituant des arcades aux colonnes pour mettre les Éléves à couvert, j'avois formé des portiques que l'uſage a conſacré aux cloîtres?

Par un effet tout oppoſé dans le projet des Priſons, en ne laiſſant que très-peu d'ouvertures, j'ai voulu donner un caractère de ſolidité, & annoncer la ſûreté publique.

La façade de l'Egliſe devant produire un effet principal ſur la place, je l'ai décorée avec l'ordre que j'ai jugé le plus majeſtueux, & j'ai placé le frontiſpice du portique ſur un fond intermédiaire, pour adoucir le paſſage de la rudeſſe des priſons, à la richeſſe indiſpenſable d'un Temple.

EXPLICATION

EXPLICATION
DES PLANCHES.

PLANCHE I.

PLAN d'une portion du Quartier du Luxembourg, qui comprend le nouveau Théâtre de la Comédie Françaife, les nouvelles Écoles de Chirurgie, la maffe du projet de la Place à conftruire devant les Écoles de Chirurgie, le projet des Prifons civiles fur l'emplacement des Cordeliers, celui des Cafernes pour le Guet à cheval, & le percement des rues concerté avec les Architectes de la Comédie Françaife.

Les parties marquées en jaune indiquent les terreins dépendants de l'Hôtel de Condé, fur lequel on bâtit le Théâtre.

Ce qui eft en rouge, diftingue les terreins appartenants aux Cordeliers.

Ce Plan fut projetté en 1778 pour être joint, ainfi que l'eftimation des terreins, aux Lettres-Patentes.

PLANCHE II.

PLAN préfenté & agréé en 1771 pour faire une Place devant les Écoles, & former du cloître des Cordeliers des Prifons pour les Débiteurs infolvables. Cette planche étoit gravée, lorfque l'Edit fur les Domaines & Bois, du mois d'Août 1777, fut rendu : on en remit un exemplaire au Roi qui en connoiffoit le projet, & en avoit fenti la néceffité quand Sa Majefté vint pofer la premiere pierre. Le fieur Gondoin en préfenta le même jour à M. le Directeur Général des Finances, ainfi qu'à tous les Miniftres & aux Magiftrats. Il ne s'agiffoit alors que d'obtenir des Cordeliers leur cloître & la portion de l'Églife néceffaire pour faire la Place; ces RR. PP. n'ayant pas accepté de propofitions, la commiffion des Réguliers préfidée par Monfeigneur le Garde des Sceaux, fecondant les vues du Miniftere, propofa l'échange de l'emplacement des Cordeliers avec celui des Céleftins. Le fieur Gondoin reçut ordre de faire de nouveaux projets, & une eftimation de tous les terreins & bâtiments qui en dépendoient; c'eft fur fes fpéculations que l'on a apperçu le bénéfice, par l'avantage du percement des rues qu'il propofoit.

L'Egliſe de ſaint Côme trop petite & en mauvais état, eſt un obſtacle au percement de la grande rue néceſſaire au débouché de ce Quartier, on avoit jugé convenable de former du chœur de l'Egliſe des Cordeliers, une nouvelle Paroiſſe pour ſuppléer à celle qu'on détruiroit. Les conſtructions néceſſaires pour les nouveaux établiſſemens, ſont marquées en rouge. On peut juger à leur inſpection de la médiocrité de la dépenſe qu'elles occaſionneroient.

PLANCHE III.

VUE perſpective comprenant les Ecoles de Chirurgie, les Priſons civiles, dont l'entrée principale eſt par la rue de l'Obſervance, la Fontaine faiſant face aux Ecoles, & le Portail de la nouvelle Paroiſſe de S. Côme.

PLANCHE IV.

COUPE géométrale des Ecoles, de la Fontaine & d'une partie de l'intérieur du cloître des Cordeliers, deſtiné aux Priſons tel qu'il exiſte; avec la façade du Portail à conſtruire.

PLANCHE V.

FAÇADE géométrale des Priſons, de la Fontaine en face des Écoles, & Coupe du Portail projetté, & de la portion reſtante de l'Égliſe des Cordeliers.

PLANCHE VI.

Plan du Rez-de-chauſſée des Écoles de Chirurgie.

L'AMPHITHÉATRE principal placé au fond de la grande cour, contient 1400 Éleves; 14 Profeſſeurs y enſeignent les différentes parties de l'Art: il eſt ouvert tous les jours, matin & ſoir, & tout le monde y eſt admis.

L'amphithéâtre des Sages-Femmes eſt pour les femmes & filles qui ſe deſtinent à l'art des Accouchemens; deux Profeſſeurs en donnent les leçons, & démontrent toutes les opérations qui y ſont relatives: il contient 150 perſonnes.

Les Éleves reçoivent dans le laboratoire de Chimie les leçons de cette ſcience; ils y apprennent la propriété & les préparations des Médicamens. Le Roi fonda la Chaire du Profeſſeur, quand il vint poſer la premiere pierre. L'Hôpital eſt un autre bienfait de Louis XVI; on y traite les Maladies chirurgicales d'une nature extraordinaire ; les Maîtres y multiplient leurs obſervations, & les Éleves s'y inſtruiſent de la pratique.

La ſalle des Actes, contenant 1200 perſonnes, eſt deſtinée aux Séances, aux Thèſes & aux autres Actes publics.

L'École-pratique où les Éleves qui ont remporté les prix, s'exercent à diſſéquer, & à répéter les opérations ſur les cadavres, eſt la pépiniere d'où l'on tire les Chirurgiens pour le ſervice des armées. M. de la Martiniere, au zèle duquel on eſt redevable de cet établiſſement, pour en augmenter l'utilité, vient d'ajouter à ſes frais deux nouvelles Chaires, aux deux qui exiſtoient auparavant.

PLANCHE VII.

Plan du premier Étage.

LA Bibliothéque, compoſée de livres de Chirurgie & de Médecine, eſt continuellement augmentée par un fonds annuel que M. de la Peyronie, premier Chirurgien du feu Roi, a légué pour cet objet. Elle a 94 pieds de longueur & 18 pieds de largeur.

Le cabinet d'Anatomie renferme toutes les pieces extraordinaires & ſingulieres. On y conſerve les inſtruments de Chirurgie, tant anciens que modernes; ce cabinet décoré du portrait de Louis XV, donné par ce Prince, a 35 pieds de long ſur 18 pieds de large.

La ſalle de l'Académie eſt deſtinée à la réunion de tous ſes Membres. Ils s'y aſſemblent tous les Jeudis de chaque ſemaine, pour entendre la lecture des Mémoires ou Obſervations des Maîtres en Chirurgie, membres de l'Académie, ainſi que ceux des Savants régnicoles & étrangers, & pour diſſerter ſur toutes les parties de l'Art. On y apporte ſouvent des portions de ſujets qui ſervent à éclaircir les différents points en diſcuſſion, ſur la nature même. Elle eſt diſpoſée de maniere que tous les Académiciens peuvent voir & entendre. Cette piece de 32 pieds en quarré, éclairée par trois croiſées ſur la grande cour, reçoit encore par le haut un très-grand jour qui eſt abſolument néceſſaire aux obſervations anatomiques. Elle ſera décorée du portrait du Roi Louis XVI, & l'eſt déjà actuellement de celui de Louis XIV, & de pluſieurs autres Tableaux.

La ſalle du Conſeil où l'on traite toutes les affaires contentieuſes de la

Compagnie, eſt décorée du portrait de ſaint Louis (*), & de ceux des Chirurgiens les plus célèbres.

Le Bureau d'Adminiſtration compoſé d'un comité choiſi entre les Membres de la Compagnie, eſt chargé de la régie & de l'emploi des fonds, & de veiller à l'ordre général des Écoles & de l'Hôpital.

Tous ces établiſſemens ſont préſidés par le premier Chirurgien du Roi, & en ſon abſence, par ſon Lieutenant, Inſpecteur des Écoles, auquel on a donné un logement pour qu'il fût plus à portée de remplir ſes fonctions. Le Bibliothécaire devant veiller à la conſervation des livres, & à la rentrée de ceux que les Maîtres ſont dans le cas de conſulter, a ſon logement tenant à la Bibliothéque.

On a pratiqué dans les entreſols & à d'autres étages pluſieurs logements, tels que ceux du Chapelain, de l'Appariteur, du Prévôt de l'École-pratique, des Gardes-malades, &c.

(*) On ſait par tradition que ce Portrait peint ſur une Table d'argent, fut donné au College de Chirurgie par Saint Louis ſon Fondateur, après ſa premiere expédition contre les Infideles. Il porte pour Inſcription : SIC IN SARACENOS.

DÉTAILS DE LA FAÇADE
DE LA RUE DES CORDELIERS.

PLANCHE VIII.

Vue perſpective des Écoles de Chirurgie priſe de la place de l'Obſervance. On y voit une partie du portail de l'Égliſe des Cordeliers, tel qu'il exiſte préſentement.

PLANCHE IX.

Élévation géométrale ſur la rue des Cordeliers.

PLANCHE X.

Bas-relief de 30 pieds de long ſur 8 pieds de haut, placé au-deſſus de la porte d'entrée ſur la rue des Cordeliers. Le Roi Louis XV ſuivi de Minerve, de la Force & de l'Abondance, ordonne la conſtruction de cet Édifice: le Génie de l'Architecture en préſente les plans: la Chirurgie ſecondée par la Vigilance & par la Prudence, rend des actions de graces au Roi. Le reſte de l'eſpace dans l'éloignement eſt occupé par des groupes de Bleſſés & de Malades. Ce Bas-relief eſt de M. Berruer, Sculpteur du Roi.

PLANCHE XI.

Porte d'entrée, avec les détails de la grille, dont les ornemens ſont exécutés en bronze. Le chiffre & les fleurs-de-lis indiquent le Fondateur; les ſerpents & le bâton d'Eſculape déſignent la Chirurgie.

PLANCHE XII.

Détails d'un des côtés de la porte d'entrée, où ſont placées les Inſcriptions qui indiquent le temps de la fondation, & les motifs qui l'ont déterminée. Au-dessus de ces Inscriptions, on a mis un Bas-relief symbolique représentant une tête d'Apollon sur des bâtons en sautoir entourés de serpents, soutenus de cornes d'abondance, & entrelacés de branches de laurier, pour faire allusion au Dieu de la Médecine & à la magnificence des deux Souverains qui ont fait construire ces Écoles.

L'Inscription gravée est placée à gauche en entrant; voici celle qui est à droite :

DU REGNE DE LOUIS XVI.

Le peu d'espace des Écoles de Chirurgie trop resserrées pour le nombre des Éléves, l'éloignement de l'École-Pratique, le défaut d'un lieu séparé pour l'instruction des Femmes dans l'Art des Accouchemens, ont fait long-temps désirer un autre emplacement.

Louis XV, zélé pour le progrès d'un Art si utile à l'humanité, ordonna de construire sur le terrein de l'ancien College de Bourgogne, un Édifice assez spacieux pour remédier à ces inconvéniens, & assez noble pour répondre à l'importance de cet Art salutaire. Ce projet digne d'un Prince chéri de ses Sujets, autant qu'il les aimoit lui-même, a été terminé sous le Regne de son auguste Successeur.

PLANCHE XIII.

Coupe sur la longueur de la Bibliothéque & du Péristyle, où l'on voit le Cabinet d'Anatomie, l'Escalier, l'Hôpital des femmes, la Sacristie & la Chapelle.

PLANCHE XIV.

Vue perspective de l'intérieur de la grande Cour, prise de la porte d'entrée.

PLANCHE XV.

Élévation géométrale du fond de la Cour, où l'on apperçoit l'entrée principale du grand Amphithéâtre.

Dans l'aîle gauche, Coupe de la Salle des Actes, dans laquelle on voit la Tribune du Professeur, & la place au-dessous pour le Candidat; au premier Étage, Coupe de la Salle de l'Académie.

Dans l'aîle droite, Coupe de l'Escalier servant à l'usage de l'Inspecteur des Écoles, du Bibliothécaire, &c. &c.

PLANCHE XVI.

Bas-relief dans le fronton du frontispice du grand Amphithéâtre. On y a représenté la Théorie & la Pratique se donnant la main, qui se jurent sur un autel une éternelle union. Les spéculations de la Théorie sont désignées par des Génies qui feuilletent des livres, & les travaux de la Pratique sont représentés par des Génies occupés de dissections & de démonstrations anatomiques. Ce Bas-relief est de M. Berruer, Sculpteur du Roi.

PLANCHE XVII.

Profils de l'ordre Corinthien & de l'ordre Ionique, avec les détails de leurs chapiteaux & autres ornemens.

PLANCHE XVIII.

Détail en grand de l'ordre Ionique, & de la frise qui passe derriere les grandes Colonnes corinthiennes, dans laquelle sont placés les Portraits en médaillons, d'Ambroise Paré, de Jean Pitard, de George Maréchal, de François de la Peyronie & de Jean-Louis Petit, tous Chirurgiens très-célèbres, qui ont honoré l'École Française.

PLANCHE XIX.

Détails de l'aîle gauche du Bâtiment.

Coupe dans la longueur de la Salle des Actes, décorée de Statues des différentes Sciences relatives à la Chirurgie, telles que la Pharmacie, l'Ostéologie, la Botanique, la Myologie, la Pathologie & l'Angiologie, peintes à fresque, par M. Gibelin. On voit en coupe la Statue du feu Roi. Au premier étage, la coupe de l'Escalier, de l'Antichambre, de la Salle de l'Académie, de la Salle du Conseil, & celle du Bureau d'Administration, dont l'usage est indiqué dans l'explication du Plan.

PLANCHE XX.

STATUE en marbre décorant le fond de la Salle des Actes, représentant le feu Roi, donnée par Sa Majesté Louis XVI, ainsi qu'il est indiqué par l'Inscription.

PLANCHE XXI.

DÉTAIL d'une niche de la Salle des Actes, avec la figure de l'Angiologie.

PLANCHE XXII.

FOND de l'Escalier orné d'une Statue de la Santé, peinte à fresque, par M. Gibelin; & détail de la rampe de l'escalier.

PLANCHE XXIII.

DÉTAIL d'une portion de menuiserie de la Salle de l'Académie, avec le Poële, sur lequel est placé une Statue représentant un Écorché, par M. Houdon, Sculpteur du Roi.

DÉTAILS
DU GRAND AMPHITHÉATRE.

PLANCHE XXIV.

COUPE prise depuis le cul-de-sac du Paon, jusqu'à la rue des Cordeliers, comprenant le grand Amphithéâtre avec l'arrangement des gradins, l'aîle droite de la cour, la coupe du périſtyle & au-deſſus la coupe de la Bibliothéque.

PLANCHE XXV.

COUPE de l'Amphithéâtre des Sages-femmes, qui traverſe dans ſa longueur le grand Amphithéâtre & l'École-pratique. Sur la porte d'entrée du grand Amphithéâtre, deux Buſtes de marbre, exécutés par le Moine, Sculpteur du Roi, repréſentent, l'un François de la Peyronie, premier Chirurgien de Louis XV, l'autre M. de la Martiniere, actuellement premier Chirurgien du Roi. Ces deux Buſtes furent donnés par M. Houſtet, premier Chirurgien du feu Roi de Pologne. Au-deſſus eſt une Peinture à freſque de 72 pieds de long ſur 18 pieds de haut, exécutée par M. Gibelin.

PLANCHES XXVI, XXVII, XXVIII.

ALLÉGORIE relative à l'Art, diviſée en trois parties. La principale repréſente le Roi Louis XVI, accordant ſa protection à la Chirurgie ; la France à ſes genoux lui témoigne ſa reconnoiſſance ; le Génie de l'amour des peuples met ſur ſa tête une couronne de cœurs. Parmi les vertus qui entourent ſon trône, on diſtingue la Prudence, la Bonté, la Libéralité, & la Munificence : l'Inſcription de ce Tableau eſt,

LA BIENFAISANCE DU MONARQUE
HATE LEURS PROGRÈS
ET RÉCOMPENSE LEUR ZÈLE.

Dans la feconde divifion, la théorie de l'Art eft indiquée par Efculape qui découvre les fecrets de l'Anatomie. Dans le nombre de fes Sectateurs, on remarque Andromachus pofant fa main fur un vafe intitulé ΘΕΡΙΑΚΕ : dans un coin féparé, l'Étude paroît n'être occupée qu'à lire & à méditer à la lueur d'une lampe. On lit au deffous :

ILS TIENNENT DES DIEUX LES PRINCIPES QU'ILS NOUS ONT TRANSMIS.

La troifieme divifion exprime la pratique de l'Art la plus noble : on y voit des Généraux bleffés que des Chirurgiens, s'expofant généreufement, retirent de la mêlée, pour mettre le premier appareil à leurs bleffures. Elle a pour Infcription :

ILS ÉTANCHENT LE SANG CONSACRÉ A LA DÉFENSE DE LA PATRIE.

Cet ouvrage eft compofé & exécuté à frefque, par M. Gibelin.

PLANCHE XXIX.

VUE perfpective de l'intérieur du grand Amphithéâtre aux heures des leçons.

PLANCHE XXX.

ÉLEVATION géométrale de l'Amphithéâtre des Sages-femmes, du grand Amphithéâtre & l'Ecole-pratique du côté du cul-de-fac du Paon.

FIN.

EXTRAIT DES REGISTRES
DE L'ACADÉMIE ROYALE D'ARCHITECTURE.

Ce Lundi quatorze Février mil fept cent quatre-vingt.

L'ACADÉMIE étant affemblée, Meffieurs LE ROI, l'Abbé LE BOSSU, & PEYRE l'aîné, ayant examiné les Gravures & la Defcription du Projet général que M. GONDOIN a fait pour les Écoles de Chirurgie, ils croient que ce Recueil intéreffant, par les objets qu'il renferme, eft très-digne d'être imprimé & publié fous le Privilége de l'Académie, & elle a approuvé le rapport des Commiffaires fufnommés.

Certifié conforme à ce qui eft porté fur les Regiftres, ce 14 Février 1780.

SEDAINE, Secrétaire perpétuel.

PL. I.

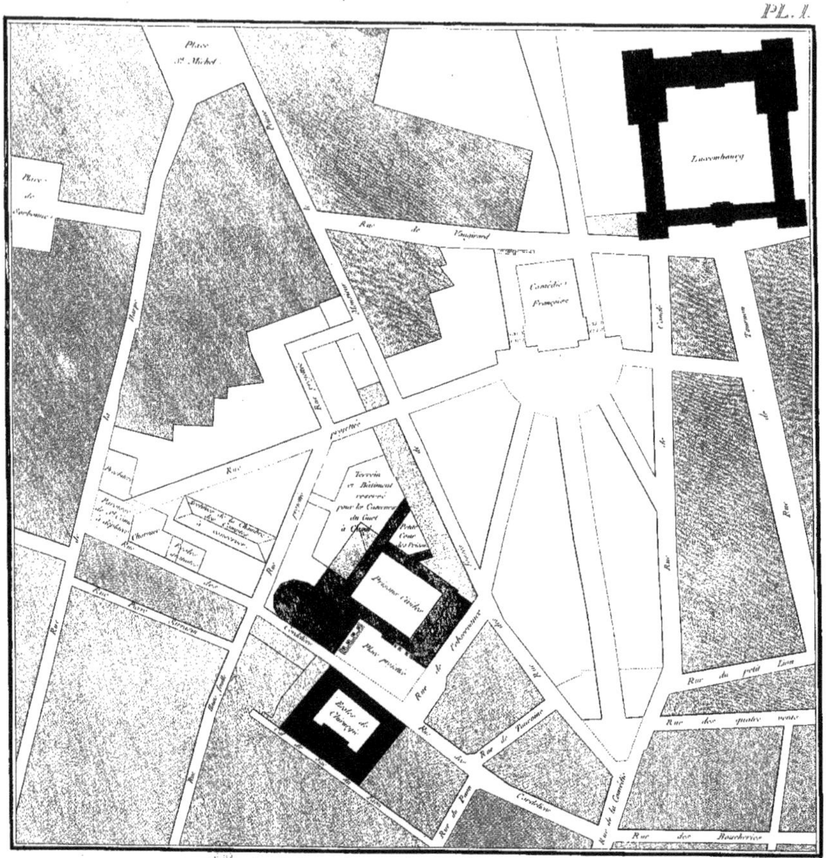

Les terrains en jaune appartiennent à MONSIEUR, frère du Roi.
Les terrains des Cordeliers sont marqués en rouge.

C. R. G. Poulleau Sculp.

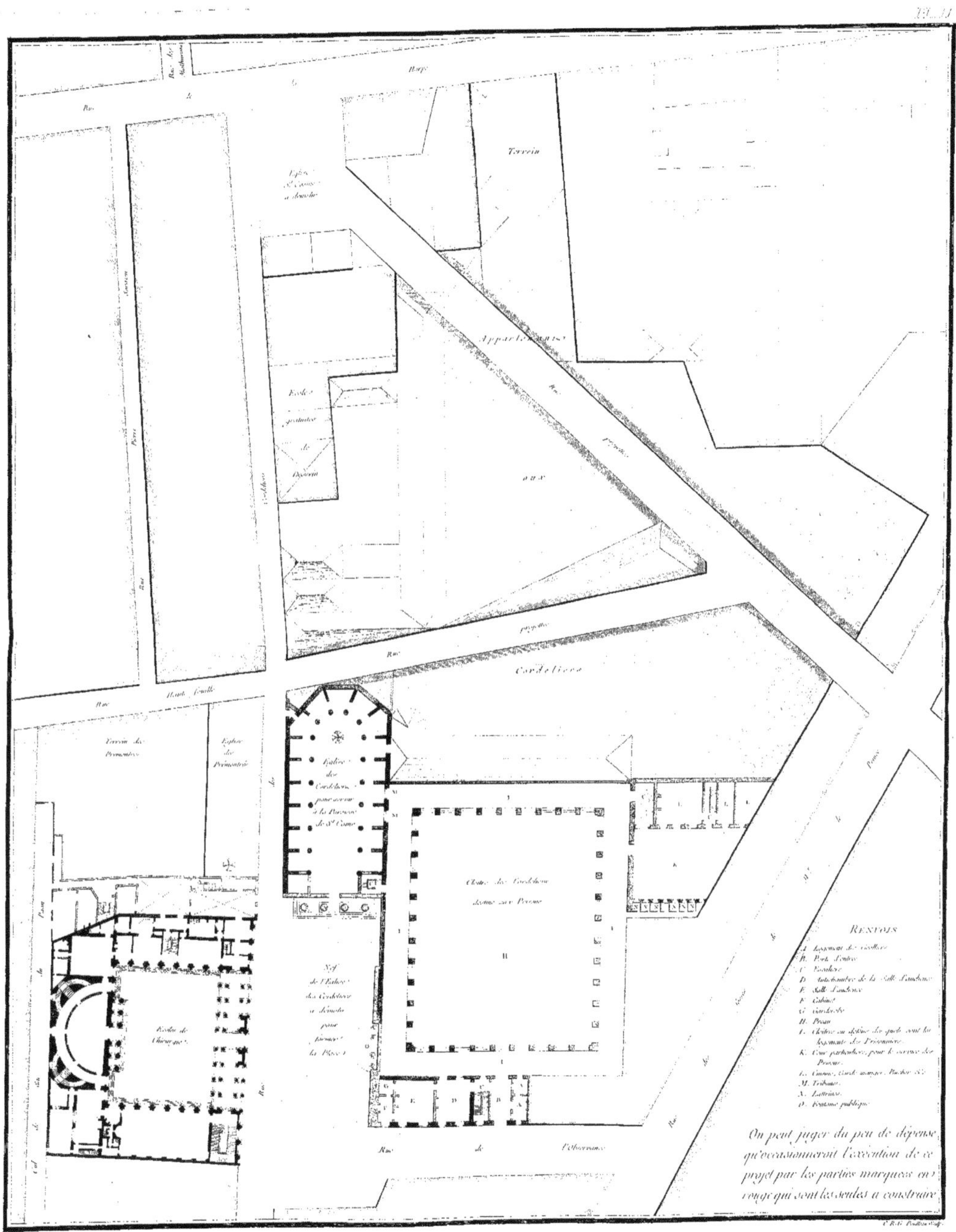
Terrein
Rue Hautefeuille
Cordeliers
Cloître des Cordeliers destiné aux Prisons
Rue de l'Observance
RENVOIS
A. Logement des Geôliers
B. Porte d'entrée
C. Escalier
D. Antichambre de la Salle d'audience
E. Salle d'audience
F. Cabinet
G. Garderobe
H. Préau
I. Cloîtres au dessus desquels sont les logements des Prisonniers.
K. Cour particulière pour le service des Prisons.
L. Cuisine, Garde-manger, Bucher &c.
M. Tribune.
N. Latrines.
O. Fontaine publique
On peut juger du peu de dépense qu'occasionneroit l'exécution de ce projet par les parties marquées en rouge qui sont les seules a construire

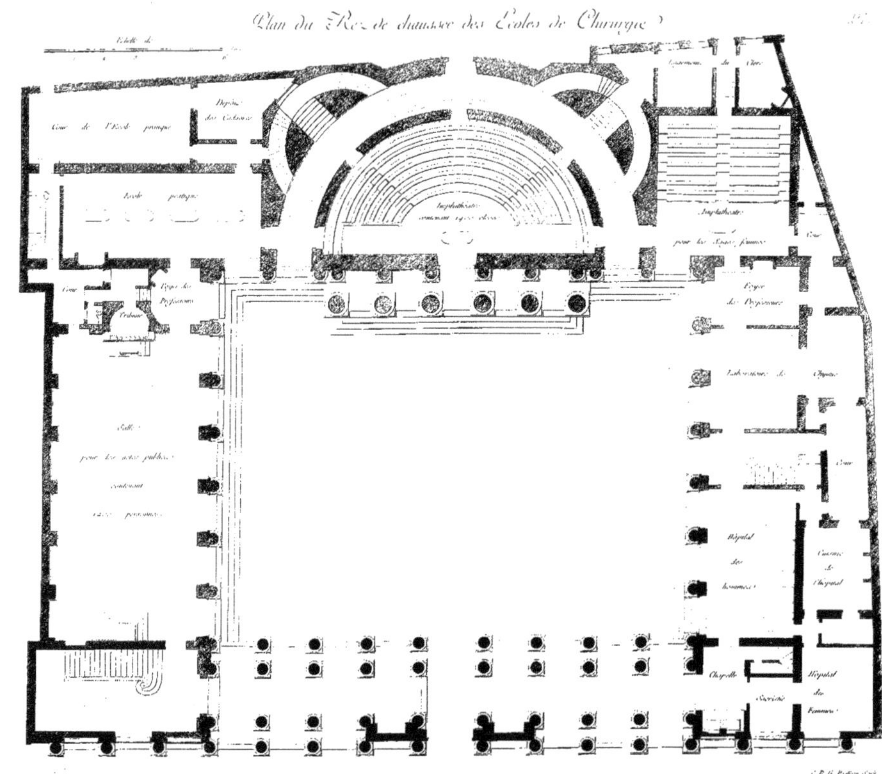
Plan du Rez de chaussée des Écoles de Chirurgie
Cour de l'École pratique
École pratique
Salle pour les actes publics
Amphithéâtre
Foyer des Professeurs
Hôpital des hommes
Chapelle
Sacristie
Hôpital des Femmes

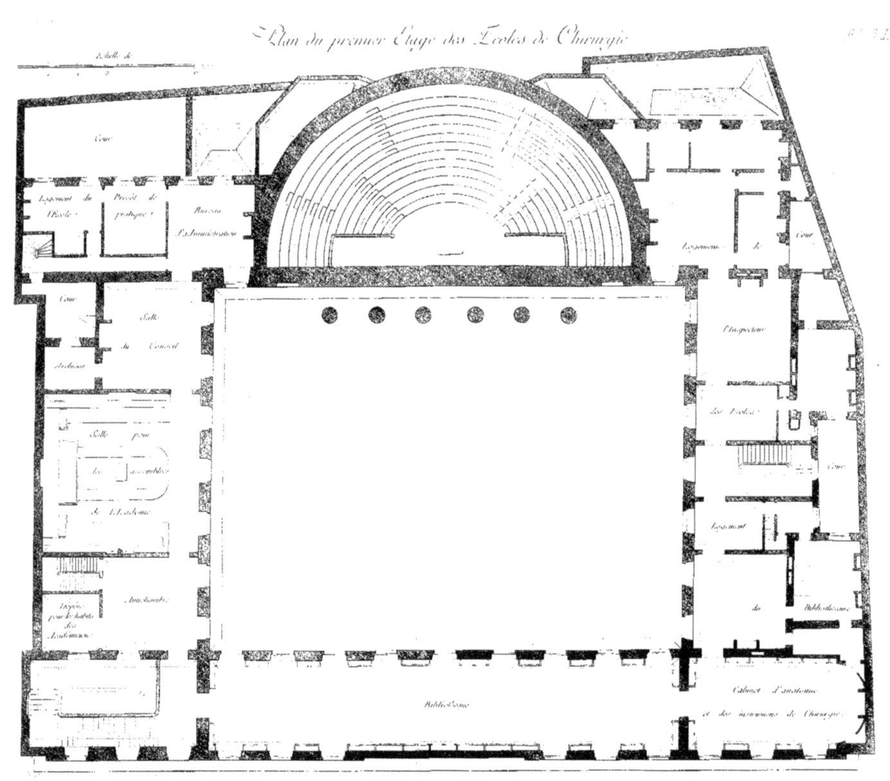
Plan du premier Etage des Ecoles de Chirurgie
Echelle de
Cour
Logement du
l'Ecole
Prevôt de
pratique
Bureau
d'Administration
Cour
Salle
du Conseil
Archives
Salle pour
les assemblées
de l'Academie
Antichambre
Dépôt
pour les habits
des
Académiciens
Bibliothèque
Logement de
Cour
l'Inspecteur
des Ecoles
Cour
Logement
du Bibliothécaire
Cabinet d'anatomie
et des instrumens de Chirurgie

C. R. G. Poulleau Sculp.

C. R. G. Poulleau Sculp.

Pl. XVI.

Pl. XVII.

C. R. C. Pollux Sculp.

Pl. XVIII.

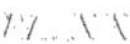

Pl. XX.

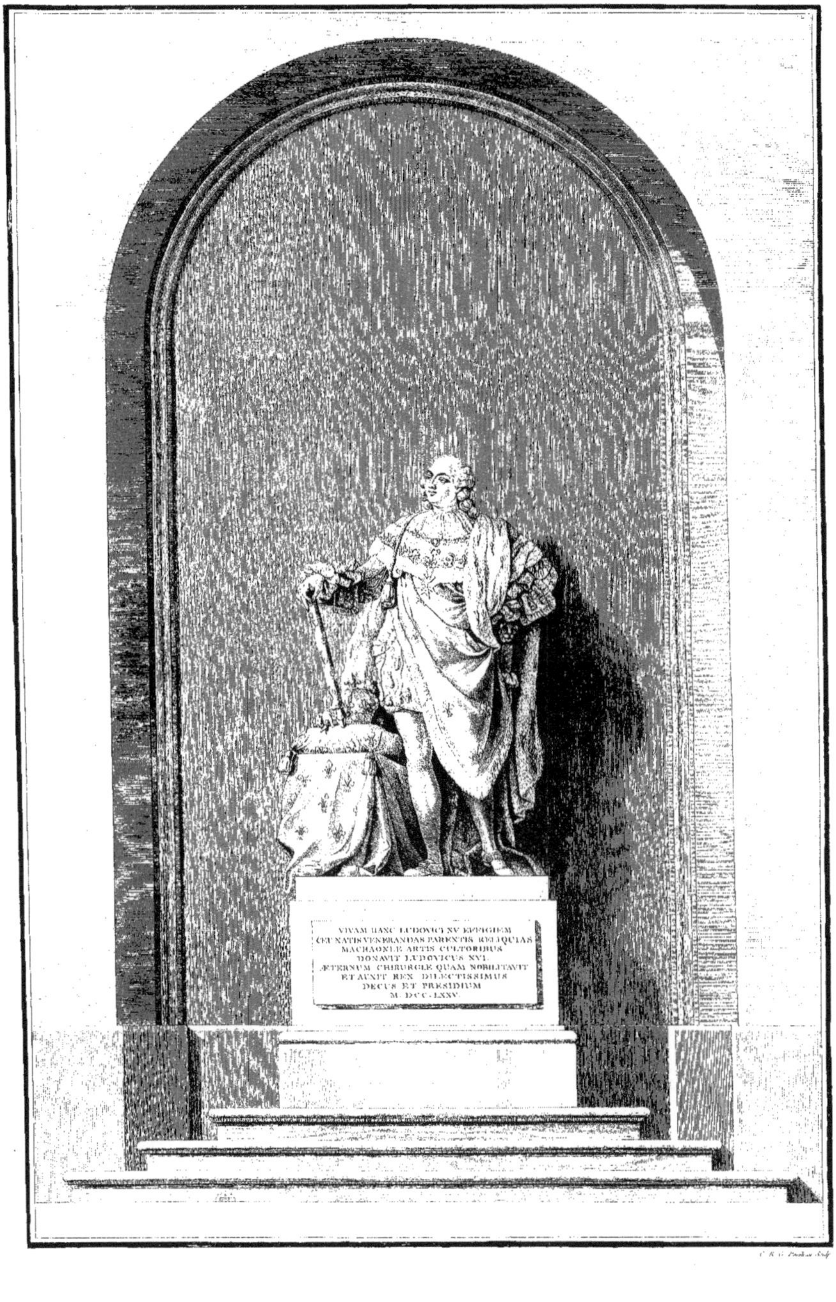

VIVAM HANC LUDOVICI XV EFFIGIEM
CEU NATIS VENERANDAS PARENTIS RELIQUIAS
MACHAONLE ARTIS CULTORIBUS
DONAVIT LUDOVICUS XVI.
ÆTERNUM CHIRURGLE QUAM NOBILITAVIT
ET AUXIT REX DILECTISSIMUS
DECUS ET PRESIDIUM
M. DCC. LXXV.

C. R. G. Poulleau Sculp.

C. R. G. Poulleau Sculp.

PL. XXII.

PL. XXIII.

C. R. G. Poulleau Sculp.

Pl. XXII

Pl. XX[illegible]

ILS ÉTANCHENT LE SANG CONSACRÉ A LA DÉFENSE DE LA PATRIE.

LA BIENFAISANCE DU MONARQUE HÂTE LEURS PROGRÉS ET RÉCOMPENSE LEUR ZÉLE.

ILS TIENNENT DES DIEUX LES PRINCIPES QU'ILS NOUS ONT TRANSMIS.

Pl. XXIX.

C. R. G. Poulleau Sculp.

www.ingramcontent.com/pod-product-compliance
Ingram Content Group UK Ltd.
Pitfield, Milton Keynes, MK11 3LW, UK
UKHW020944180726
13838UKWH00003B/1116

9 782019 723071